Johannes Paschwitz

777
Schüttelreime

Husum

Umschlagbild und Zeichnungen im Text von Professor Klaus Brunner

Bibliografische Information Der Deutschen Bibliothek

Die Deutsche Bibliothek verzeichnet diese Publikation in der Deutschen Nationalbibliografie; detaillierte bibliografische Daten sind im Internet über http://dnb.ddb.de abrufbar.

3. Auflage 2005
© 2002 by Husum Druck- und Verlagsgesellschaft mbH u. Co. KG Husum
Gesamtherstellung: Husum Druck- und Verlagsgesellschaft
Postfach 1480, D-25804 Husum – www.verlagsgruppe.de
ISBN 3-89876-050-2

Vorwort

Es ist anzunehmen, dass viele wohl in ihrem Leben schon Schüttelreimen begegnet sind und an diesen lustigen wortspielerischen Gedankengängen ihre Freude gehabt haben. Meist sind sie zwei- oder vierzeilige Verse, aber es gibt auch längere Gedichte.

Bei den Schüttelreimen werden die am Anfang der Reimworte und Reimsilben stehenden Konsonanten der ersten Zeile in der zweiten Zeile untereinander ausgetauscht. Es kann auch nur ein Konsonant zur Verfügung stehen.

Ein guter holländischer Bekannter, der Deutschlehrer an einem Gymnasium war, teilte mir einmal für diese dichterische Form eine hervorragende Definition mit: „Schüttelreime sind die Akrobatik der Sprachbeherrschung."

In letzter Zeit wurde in verschiedenen Presseveröffentlichungen auf die Gesundheit fördernde und heilende Wirkung des Humors, des Lachens, hingewiesen.

Danken möchte ich meiner Schwiegertochter Martina Paschwitz für das Schreiben und begriffliche Einordnen fast aller Verse. Weiterhin danke ich Herrn Professor Klaus Brunner, der die Zeichnungen angefertigt hat, und dem Husum Verlag für die gute Zusammenarbeit.

Bad Saulgau   *Johannes Paschwitz*

1. Der Schüttelreim

Manch Dichter ist ein Rüttel-Scheich,
bringt Neues aus dem Schüttelreich.

Du findest doch beim Denksport was,
den Schüttelreim als Wortspaß.

Der Clou beim Schüttelreim sind Wortpaare –
eine schöne geistige Importware.

Man tut an Worten irgendwann drechseln
und zum Schütteln Buchstaben dran wechseln.
und will man wirklich fair sein:
so manches schüttelt sich sehr fein!

2. Vierzeiler

Kommst du in die Kolle Mühle
so bringt er durcheinander deine Moleküle.
Geh' lieber in die Mühle, Kolle,
und trink dort eine kühle Molle.

In einem von den Wartezimmern
da hörte man die Zarte wimmern.
Was soll ich mit der Wimmerzarten
denn in diesem Zimmer warten?

Hat Brendl
Brat-Hendl?
Brendl hatten
Hendl-Braten.

Wir wollen jetzt mit Rinderketten
die lieben kleinen Kinder retten.
Doch ferner wird euch retten, Kinder,
die gute Milch der Kettenrinder.

Stets muss ich mit der Ute rangeln,
sie will mit meiner Rute angeln.
Hör auf mit dem Gerangel, Ute,
du hängst sonst an der Angelrute.

Mir wird am Fensterscheibchen warm
wenn ich seh der Weibchen Scharm
Wie gern äß ich ein warm' Scheibchen
mit so 'nem tollen Scharm-Weibchen!

Das war der reinste Bar-Schock:
die Kellnerin mit Scharbock!
Die ganze Bockschar
lief schnell zur Schock-Bar.

Mensch, da fressen Geier Aas
das stinkt so wie Eiergas.
Vielleicht sind faule Gaseier
Delikatesse der Aasgeier?

Es sagt ein kecker Mohr:
„Das ist der reinste Meckerchor!"
Dann sagt der Mohr kecker:
„Nun Chor, mecker!"

Mit Honig tut 'ne Masse kleckern,
da wird die ganze Klasse meckern.
Bei dieser Kleckermasse
ist sie die reinste Meckerklasse.

Bring mir den Wein im Kübel, Anne,
Im Gasthaus zu der ‚Übel-Kanne'.
Es bringt nun die Anne Kübel,
mir wird so in der Kanne übel.

Der Ritter mit der Reckenhose
stürzt ab in eine Heckenrose.
„Was ist mit deinen Hosen, Recke?"
„Ich fiel in eine Rosenhecke!"

Dass er den Schmerz der Wade banne,
legt er sich in die Badewanne.
Doch kann den Schmerz er bannen weder,
noch helfen ihm die Wannenbäder.

Sag das nicht so leise, Wicht.
Ins Dunkel bringt der Weise Licht.
Doch sagt der Wicht leise:
„Der Optiker ist der Licht-Weise."

Bei Werbung fiel dem Otto mein
stets das richt'ge Motto ein.
Für mich gibt's nur ein Motto,
und das ist klar: mein Otto.

3. Kinder

Dem Vater wird's im Binder kalt,
wann kommen denn die Kinder bald?

Der Vater, der geht Steine klopfen,
zuhause muss die Kleine stopfen.

Man kann sich in die Länge streiten,
soll Kinder man durch Strenge leiten.

Musst immer auf die Kleine schaun,
sie tut ganz heimlich Scheine klaun.

Das Baby schreit im Kinderbettchen;
die Dame trägt statt Binder Kettchen.

Wenn Kinder weg die Lätzchen schieben,
werd'n sie bald ein Schätzchen lieben.

Du darfst mir nicht den Großen hau'n,
der tut sich vor den Hosen grau'n.

Sieh mal, dieser Kleine eben
wollt' der Schwester eine kleben.

Lausbuben in die Rinnen spei'n,
sie lassen keine Spinnen rein.

Der ist doch noch so klein,
der kann nicht im Klo sein.

Wie soll dies das Kindel wissen,
es steckt ja noch im Windelkissen.

Willst du das Kind beim Baden finden,
musst du es an 'nen Faden binden.

Mir tun die Kleinen Leid,
sie tragen nur ein Leinenkleid.

Die machen da in Moosen Hatz
auf den kleinen Hosenmatz.

Das Baby hat auf Brei Lust –
die Amme hat 'ne Leihbrust.

„Dass wir gute Mütter ha'n",
sagt zu Recht Herr Hüttermann.

Wenn man ein Kindel find'
dann ist es ein Findelkind.

Die Babies auch in Tegel saugen. –
Bei Wind da müssen Segel taugen.

Seid nicht so frech, Blagen,
ihr tut nur Blech fragen!

Das Baby macht in Windel keck,
die Mutter tut's dem Kindel weg.

Nimm doch diese Windel, Kohl,
dann fühlt sich bald das Kindel wohl.

Gute Ehen sie belegen:
Kinder sind der Liebe Segen.

Die Windel von dem Bübchen stank,
dem Vater ward's im Stübchen bang.

Das war doch mit den Katzen Schwindel,
was in der Phantasie so schwatzen Kindel.

Sie lustig durch den Winter karrt,
obwohl sie bald ein Kind erwart'.

Mach doch mit den Kindern Halt,
den' wird ja schon der Hintern kalt.

Du bist mein feines Kind,
wie ich sonst keines find'.

Wer hat 'ne Masse Kinder,
dem wird die Kasse minder.

Die Babies auf dem Steiß rollen, –
in Japan gibt es Reisstollen.

Warte, Kind,
ich mach dir mit der Karte Wind.

Was willst du mit dem Sabel, Kind?
Schneid bloß nicht, wo die Kabel sind!

Wenn Kinder im Wald „groß" machen,
da hört man es im Moos krachen.

4. In der Schule

Sie werden immer mehr little,
unsere nötigen Lehrmittel.

Schüler mit den roten Nasen
stets nach guten Noten rasen.

Die Schüler zu den Pennen rennen
und friedlich nach dem Rennen pennen.

Wir könn'n nicht in den Aulen feiern,
sie werfen dort mit faulen Eiern.

Immer ist der Fritze high,
wenn er hört: 's ist hitzefrei.

In der großen Pause
ich mich vor deinen Possen grause.

Viel in der Schul die Schlauen fragen. –
Man sollte niemals Frauen schlagen.

Zum Unterricht die Massen kleckern.
Man darf auch mal in Klassen meckern.

5. Namen

Mensch, bist du fade, Ben,
du wirst nie ein Badefan.

Im Garten er die schönsten Rosen hat. –
Klein-Berni fährt mit Windelhosen Rad.

Willst du den Bert ehren,
schenk ihm viel Erdbeeren.

Da kommt der Bert eben,
der berichtet gleich vom Erdbeben.

Geh jetzt endlich raus, Ede,
ich glaub nicht deiner Ausrede!

Der Ewald
wird mit seinem Bauchweh alt.

Mir platzt jetzt bald der Kragen, Frank,
machst mich noch durch dein Fragen krank.

Sieh dir an den blauen Fritz,
er ist der reinste Frauenblitz.

Wie lange wird der Günther warten
am neu erbauten Wintergarten?

Vor Wut da wurde Hanke blass,
es trieb ihn nur der blanke Hass.

Wir gehen viel zum Tanz heuer,
das aber kommt dem Hans teuer.

Ich geh lieber in den Garten, Hans,
und ess nicht von der harten Gans.

Mir wird so schwummer, Hans,
wenn ich ess den Hummerschwanz.

Es ruft besorgt das Hänschen geil:
„Immer bleib mein Gänschen heil!"

Mittags um halb eins,
fahr zur Alb, Heinz.

Rauche nicht auf Lunge, Kai,
dann gibt's keine Kungelei.

Wann immer ich den Kasten leih,
dann trägst du schwere Lasten, Kai.

Die Liebste im Mai kochte,
weil sie den Kai mochte.

Ich meine, Klaus,
sag zu mir doch „Kleine Maus".

Ich muss dir sagen, leider, Kläuschen,
du hast so viele Kleiderläuschen.

Ich bin kein Schuft, Lutz,
ich tu was für den Luftschutz.

Mach doch Friede, Manz,
ich bin schon müde, Franz.

Der klein stramm Max
ging zur Mamm stracks.

Der alte dicke Reinhold
gemächlich durch den Hain rollt.

Berühmt ist doch dein Vater, Pit,
der macht bestimmt den Pater fit.

Auf den langen Fuhren, Ted,
da setzt du an das Tourenfett.

Ich geh dir an die Kehle Tom,
sagst du was gegen Telekom.

Zum Plünderer sagt Ulli: „Pan,
du hast ja meinen Pulli an!"

Ich zieh dich an den Haaren, Veit,
du rechnest nur mit Fahrenheit.

Lass dich nicht bescheißen, Wahl,
kauf dir keinen weißen Schal.

Gib mir die Hand, Walter,
ich trau hier nicht dem Wandhalter.

Am Kleid hat ja die Betty Teer,
und schuld ist nur der Teddybär.

Für die Nägel hat die Cilly Lack,
den klaute ihr die Lilly – zack!

Er rief begeistert: Dolly, he,
bald gibt es wieder holiday.

Pass auf an der Eisstelle,
sonst fällst du auf den Steiß, Elle.

Stell dich nicht so stur, Ellen,
tu endlich mal die Uhr stellen.

Vor sich hin die Mia dachte:
Wenn der von mir ein Dia machte!

Du hast so deine Phasen, Hanne,
brätst alles in der Hasenpfanne.

Beim Rennen sind 'ne Masse Rädchen. –
Die Heidi ist ein Rasse-Mädchen.

Das genau die Hilde weiß:
Ich liebe diese Wilde heiß!

O wie war die Gilde hart
zu der zarten Hildegard.

Gehst du denn zur Inge dann?
Es kommt ganz auf die Dinge an.

Ich möchte schnell zum Kätchen laufen
und ihr noch was im Lädchen kaufen.

Du kennst nicht das Kätchen, Mann,
was alles dieses Mädchen kann!

Du wirst ja immer kecker, Mädchen,
ich glaub, du bist das Mecker-Käthchen.

Ich gern mit meiner Liese wachte,
die herzlich auf der Wiese lachte.

Wenn wir hier mit der Flotte liegen
will ich zu meiner Lotte fliegen.

Bereite nicht der Luzie Pein,
sie ist ein nettes Putzilein!

Der stramme Ari-Mann
denkt so gern an Mariann.

Seht euch den Herrn Hauer an,
der balzt bald wie ein Auerhahn.

Die Augen vor Wut rollten,
weil sie alle zur Ruth wollten.

Dort am Baum, Trude,
bau ich dir 'ne Traumbude.

Es kam der schicke Radler an
und macht sich an Frau Adler ran.

Du liebst die schönen Mieder, Baier,
am liebsten die von Biedermeier.

Er machte mit Frau Barth
eine frohe Braufahrt.

Siehst du den Herrn Bolz hacken,
der will nur mit Holz backen.

Es sprach der Herr von Feuerstein:
„Ich zahle meine Steuer fein!"

Wann immer sie Frau Frick sieht,
fragt sie nach Klein-Siegfried.

Komm schnell, Herr Fricke, schau,
für sie 'ne schicke Frau.

Es hat noch Herr Heller Kohlen,
die muss er aus dem Keller holen.

Wenn auch der Huber grollt,
mir ist doch die Gruber hold.

Was doch alles in den Magel kann,
bei unserm lieben Kagelmann.

Maus heißt er,
unser Hausmeister.

Es hieß der eine Miller-Schock,
der andre aber Schiller-Mock.

Komm doch her, Mock,
doch nicht bloß am Meer hock.

Pass auf, Herr Karl Müller,
es sind in Marl Killer.

„Es sind deine Buben rauer
als meine", sprach Herr Rubenbauer.

Die Elle Stauf
hört auf der Stelle auf.

Das ist dem Herrn Stein eigen:
im letzten Moment einsteigen.

Immer mit dem Bolzen stach er,
der Stolzenbacher.

Der alte Schläger Trapp
machte stets als Träger schlapp.

Bei seiner Rede tat Herr Traub stocken,
seine Zunge war staubtrocken.

Immer stört Frau Mettenbach,
wenn ich meine Betten mach.

6. Essen und Trinken

Es trinken auch die Schwarzen Wein
zum Braten von dem Warzenschwein.

Die Betrunkenen weiter lagen
dann auf dem Leiterwagen.

Tu es beichten Lear:
ich trank zu viel vom leichten Bier.

Die besten Vier
Bekam'n bei Festen Bier.

Der Gammler trinkt am Teich Rum,
er ist sein ganzer Reichtum.

Ich muss immer mehr lachen,
wenn wir die Flasche leer machen.

Komm auf die Koppel, Dorn,
und trink mit mir 'nen Doppelkorn.

Er bekam durch Wermut
nur noch mehr Wut.

Mensch, haben wir Durst,
doch das ist dir Wurst.

Sie wollten zu einem Hain wallen,
landeten aber in den Weinhallen.

Bring mir noch ein Helles, eh,
beim Spielen ist nun älles he!

Nur das eine Bier
fuhr mächtig in die Beine ihr.

Ganz hungrig er die Nudel packt
und schlingt sie runter pudelnackt.

Die Krippe ist ein Futterbett;
man wird durch viele Butter fett.

Vom Essen ist der Magen weit,
so steig doch in den Wagen, Maid.

Ich aß mit meinem Schlunde Hecht.
Danach wurd' mir so hundeschlecht.

Schenk ein den Basen hier
vom guten Hasen-Bier!

Der alte Boss rief:
Bring mir ein Rossbeef.

Warte nur noch eine Weile,
ich mit dir zum Weine eile.

Lass doch das Weinen sein,
jeder trinkt seinen Wein.

Es trinkt das kleine Bärle hier
genau 10 Liter Härle-Bier.

Was schaust du so stier, Bube?
Kommst du aus der Bierstube?

Er schenkte mir in Wedel ein
den allerbesten Edelwein.

Viel Alkohol bei Festen Lümmel kaufen,
sie können kaum mehr nach dem Kümmel laufen.

Es meckerte die Spötter-Geiß:
Da gibt's schon wieder Götterspeis.

Nach dem Mahl die Satten schätzen
sich mal in den Schatten setzen.

Du gehst mir auf die Nieren, Bär,
wenn ich dich stets mit Bieren nähr.

Auf Spätzle sind die Schwaben gierig;
bei Pleite ist's mit Gaben schwierig.

Ihr Pinsel, ihr,
hier gibt's doch Inselbier!

Das Herrchen trinkt sein Bier fein,
was er nicht schafft, das säuft sein Vierbein.

Beim Trinken tut die Leber ächzen;
nach Futter gier'ge Eber lechzen.

Er muss bei dieser Kälten saufen,
Schnaps tut er nämlich selten kaufen.

Mit deinen Kasspätzle
hab ich meinen Spaß, Kätzle.

Mal gut ist so ein Rollentausch;
der Zecher hat 'nen tollen Rausch.

Die Spezialität vom Gasthof Meier
sind die gebrat'nen Masthof-Geier.

Immer wird die Mutter fahl,
wenn ich ihr das Futter mahl.

In manchem vollen Bett
liegt ein Bollen Fett.

Trink dich nicht an der Bowle satt,
nimm lieber doch ein Sole-Bad.

Der alte Bahnzecher
säuft immer aus dem Zahnbecher.

Von Stund zu Stund er schlimmer zecht,
ihm wird im Wirtshauszimmer schlecht.

Es reift hier in der Sonne Wein,
der wird für uns 'ne Wonne sein.

Es sagte der Herr Bolle mir:
„Komm, trinken wir 'ne Molle Bier."

Immer wenn die Rauen saufen,
sie nachher wie die Sauen raufen.

Die Gerste gehört zu den Brau-Saaten –
das Bier schmeckt gut zum Saubraten.

Bei leeren Kassen
kann man keinen einkehren lassen.

Ich meine fast
dein Bauch zeigt eine feine Mast.

Die Frauen in dem Kittel mosten,
die Männer von dem Mittel kosten.

Geh mal zum Herrn Weiß rein,
der schenkt dir einen Reiswein.

Du bist ja gut im Futter, Bass,
du gehst zu viel zum Butterfass.

Von ferne froh die Treiber winken –
viel Schnaps auch manche Weiber trinken.

Durch Alkohol nach Haus die Treiber wanken
mit ihnen auch die Weiber tranken.

Sehr gerne isst der kleine Walter Eis,
sehr viel er für sein Alter weiß.

Ich werd mich an des Weines Tonne wagen,
dann leb ich wie in alten Wonnetagen.

Im Hotel „Zur Märchen-Post"
trinken viele Pärchen Most.

Beim Bund mal ein Gemeiner kocht',
doch diesen Fraß dann keiner mocht'.

Ich bin eben hier bald
und trinke dann mein Bier halt.

Die einen sagen: „Morgen
Wer'n wir für den Magen sorgen."

Wenn's anbrennt, ich nicht raten brauch,
man riecht ja schon den Bratenrauch.

Trinkst du zu viel vom rechten Schluck,
kommt es herauf im schlechten Ruck.

Wir werden von den Sorgen matt.
Wie werden wir wohl morgen satt?

Ich nur noch Sahne schlagen muss,
dann mach ich für den Magen Schluss.

Was ich da so im Kasten find!
Du musst mal öfter fasten, Kind!

Die Gäste auf den Matten sagen:
„Wir haben einen satten Magen."

Da muss schon der Vater brüllen:
„Nicht so schnell den Brater füllen!"

In dem Kuddelmuddel
aß die Muttel Kuttel.

Das muss ich stets der Truppe sagen,
dass einer muss die Suppe tragen.

Iss mal die Suppe, Hein
und lasse das Gehuppe sein!

Es fühlt sich nur der Haufen satt,
wenn er was zu Saufen hat.

Ein Hoch die ganze Truppe sang,
aus Stiefeln er die Suppe trank.

Die Moral doch in der Truppe sinkt,
wenn man Alkohol wie Suppe trinkt.

Die Königin vom Wein, die fesche,
die bügelt glatt und fein die Wäsche.

Vom Markt sie Apfelsinen tragen,
was werden da die Trinen sagen?

Die Chefs zum Feste schenken Bier,
das reißt uns von den Bänken schier.

Die Köchin kocht im Kessel Soßen,
ihr Mann der will im Sessel kosen.

Ich hoffe, dass der Zecher bald
bis zum letzten Becher zahlt.

Er schmeckt gut, der Pfannentee,
von der netten Tannenfee.

Es gibt kein Wenn,
ich fast jeden Wein kenn.

Nüchtern noch der Käufer sann:
Ich nicht mehr viel als Säufer kann!

Wenn ich deine Kanne find,
brat mir was in der Pfanne, Kind.

Beim Kaffee kannt' er seine Orte,
er braucht doch nur die eine Sorte.

Das ist fein, Mutter,
du kochst wieder mein Futter.

Ich lade dich zur Rast ein,
das Wirtshaus hier ist astrein.

An Hähnchen isst du in der Stunde vier,
dann nicht auf deine Pfunde stier.

Im Stalle an der Schweinewand
die Klarheit ihm vom Weine schwand.

Wachsame Hunde bellen hier –
der Geschmack ist gut vom hellen Bier.

7. Aus der Tierwelt

Socken kaufen,
wenn die Streptokokken saufen.

Hört man im Wald die Trällerfinken,
unheimlich dann die Fäller trinken.

Die Kuh brummt dort im Futter Bass,
sie liefert Milch dem Butterfass.

Ich schlafe schlecht im Schäferkarren,
des Nachts hör ich die Käfer scharren.

Hört der Hund den Schellenbaum,
zeigt er gleich beim Bellen Schaum.

Wenn Bienen auf dir rumsitzen,
könn' sie dich mit Gesumm ritzen.

Erkennst du bei dem scharfen Licht
am Bett bei dir die Larvenschicht?

Der kühne Mann vom Reihenhaus
schwimmt wirklich zu den Haien raus.

Der Kapitän beim Walefangen
hat vor Erregung fahle Wangen.

Die Schlange sprach: Ich lähm dich,
du bist ja viel zu dämlich.

Die Motten sich an Hosen laben.
Der Mensch will was von Losen haben.

Seit sie das Mittel raus hatten,
verschwanden alle Hausratten.

Schafft denn der Lurch das
durch den engen Durchlass?

Bei Gefahr musst du die Gans heben
und sie dann dem Hans geben.

Dort sind zwei böse weiße Hunde,
die beißen dir 'ne heiße Wunde.

Beim Regen wird der Pudel nass;
der Schwabe hat 'n Nudelpass.

Die Spinne hat ein Fadenbett;
der Seehund ist zwecks Baden fett.

Wie konnte hier der Reine schweigen,
wenn er sah der Schweine Reigen?

Wenn Schüsse durch die Haine beben,
da muss das Reh die Beine heben.

Beim Zaubern auf dem Fintentisch
spurlos verschwand der Tintenfisch.

Lass den Hund halt belle',
es ist ja doch bald helle.

Wenn im Wald die Zecke bellt,
der Schäfer seine Böcke zählt.

Wie die Wölfe heute mopsen
und mit ihrer Meute hopsen.

Was bist du so hager, Laus,
kommst du aus dem Lagerhaus?

Trägst du ein Huhn zu jeder Fete,
ihm zuvor die Feder jäte.

Die gefangenen Lausrassen
darfst du ja nicht raus lassen.

Die alten Schottenmützen
müsst ihr vor Motten schützen.

Es muss 'ne Laus her,
dann kriegen wir 's Haus leer.

Für Hühner muss ein Männchen her,
es gibt hier keine Hähnchen mehr.

Die Rinderzucht hat Zukunft,
drum bildet eine Kuhzunft!

Wie du im Buch siehst:
der Spürhund ist ein Suchbiest.

Die Gans macht den ganzen Tag
beim Auf und Ab beim Tanzen Gag.

Wenn der Sturm laut braust
der Affe seine Braut laust.

Am Kopf kann sich die Laus eben
mit Blutsaugen voll ausleben.

Das Rind hat einen Muh-Puckel;
im Rundfunk spricht der Pumuckel.

Der wilde Hund vom Rittergut
dort hinterm sicher'n Gitter ruht.

Die Männer mit den rauen Sitten
bisweilen auf den Sauen ritten.

Der Mann bewohnt das runde Haus,
des Nachts lässt er die Hunde raus.

Hörst du den Floh cry,
es ist das Klo frei.

Der Bulle die Muh kisst
mitten im Kuhmist.

Sehr leise sang der Distelfink,
er hat im Hals ein Fistel-Ding.

Verwunderlich, dass auf Geckenzehen
ganz zielbewusst die Zecken gehen.

Siehst du auf der Alm Viehscharen,
dann kannst du nicht Schifahren.

Nach Genuss von miesen Nüssen
Eichhörnchen immer niesen müssen.

Bleib doch im Rahmen, Dogge,
spring nicht nach jedem Damenrocke!

Im Keller eine Maus ham' 'ma,
unglücklich ist die Hausmama.

In Tropen ist's in Wintern heiß –
beim Eisbär'n ist der Hintern weiß.

Wenn der Jäger kommt, sei stumm, Reh,
im Dickicht dann bloß rumsteh.

Was soll der arme Grünrock beißen?
Der Wolf tat ja den Rehbock reißen.

Es rief Herr Hings laut:
„Mein Pferd nach links haut!"

Es fliegen Frühlingsboten rein,
es ist der Storch mit roten Bein'.

Der Hund gern an den Latten roch,
entdeckt dabei ein Rattenloch.

Das Schicksal war beim Findel krass:
ein Löwe dieses Kindel fraß.

Wenn die Haie reinbeißen,
können sie am Bein reißen.

Ich sag's mit meinem Munde heute:
„Wir jagen mit der Hundemeute."

Warum ist denn das Mäuschen hager?
Das Fressen ist im Häuschen mager!

Von Natur liebt die Kröte Nass.
Bei Hunger sind die Nöte krass.

Ich muss es doch den Jecken sagen:
Sollen Fliegen nicht mit Säcken jagen!

Bei zwielichtigem Dämmerlicht
da gehen gern die Lämmer dicht.

Wo in der Nacht die Wanzen tagen,
da kannst dich nicht zum Tanzen wagen.

Zieh den Wagen feste, Gaul,
zum Laufen sind die Gäste faul.

Diese Riesenviecher
haben solche fiesen Riecher.

Gedanken in der Ruh keimen,
da kann jede Kuh reimen.

Hengst und Stute sind beim Rosse Gatten. –
In mancher Stadt sind in der Gosse Ratten.

Im Alter kriegen Hähnchen Falten. –
Die Kleinen gerne Fähnchen halten.

Vor Lachen sich paar Letten biegen,
weil Mäuschen in den Betten liegen.

Am Himmel ziehen Trosse Raben,
derweil beim Aufmarsch Rosse traben.

Die Motten in der Wolle toben,
die einstmals zwei ganz Tolle woben.

Delphine durch das Becken schnellen,
derweil am Rand die Schnecken bellen.

Es ist dem Reiher eigen
zu tanzen seinen Eier-Reigen.

Die Goldfasan', dieselben Gockel,
fielen auch vom gelben Sockel.

Er trägt mit großer Mühe Kisten
und muss dann noch die Kühe misten.

Das Fräulein eine Primel kriegt –
das Huhn mit Eifer Krümel pickt.

Schutzleute sind als Retter Segen,
beim Einbruch sich die Setter regen.

Der Stier sprang aus dem Weidekreis,
der Bauer wurde kreideweiß.

Das ist ein ganzer Kundenhaufen,
will Knochen seinen Hunden kaufen.

Keine Vogelmutter
gibt ihren Jungen Mogelfutter.

Viel Hunde an den Trassen kläffen,
die Herrchen fahr'n zum Klassentreffen.

Du musst still und flach liegen,
dann hörst du die Lachfliegen.

Die Vögel sich im Flieder wiegen,
doch werden sie bald wieder fliegen.

Die Wanzen auf den Giebeln zwicken,
wenn wir mal nach den Zwiebeln gicken.

Warum war der Laden mies?
Weil alles er den Maden ließ!

Lass nicht den Bock rein,
der geht sofort ans Rockbein.

Die Sau ist ja der Ferkel Mutter,
sie ist so stark durch Merkel-Futter.

Du musst die kleinen Gänschen heben
und sie dann dem Hänschen geben.

Taucht, macht euch von Hemden frei
und tötet diesen fremden Hai!

8. Orte

Fahren wir nach Leermoos,
da ist sehr viel mehr los.

In Bierstetten
gibt's Stierbetten.

Ich bin einmal in Kiel und Biel
dann wiederum in Biel und Kiel.

Bisweilen ist in Wedel Eis,
doch blüht dort wild kein Edelweiß.

Er will in Graubünden
einen neuen Bau gründen.

Im Urlaub in der Steiermark,
wie wurde da der Maier stark.

Mensch, wie wird das Findel singen,
wenn wir fahr'n nach Sindelfingen.

Er trank sehr viel in Hagen Saft,
er war wirklich sagenhaft.

Wir gehen jetzt nach Wangen rein
und geben unsern Rangen Wein.

Es gibt kein Warten
in Weingarten mit Weinkarten.

Es kam schnell das Rote Meer her,
dann gab's kein ägyptisch Heer mehr.

Es sprach der Herr vom Sauerland:
Ist hier am Strand ein lauer Sand.

Auf einmal war in Winnepeg
die alte Nuckelpinne weg.

In dem Städtchen Itzehoe,
da war große Hitze, oh.

In Hindelwangen
sah er manche Windel hangen.

Von so manchem schönen Weinland
zeigt er Dias auf der Leinwand.

Ich muss jetzt von der Möhne scheiden,
dort leben ja so schöne Maiden.

Der Dichter viel auf den Vers hält
bei seiner Lesung in Bad Hersfeld.

Was sind das für Sitten, he,
so was gibt's nicht auf Hiddensee.

Das Butterfass schüttel bis
wir sind in Bittelschieß.

Beim Essen immer 'nei hau,
es schmeckt so gut in Haynau.

Ich liebe Grüß' vom Brocken send,
der Fuß mir in den Socken brennt.

Die Hexen schnell in Socken brausen,
des Nachts sie um den Brocken sausen.

Ich bin in Hessen auf der Achse,
beim Essen gibt's dann immer Haxe.

Es gibt zwar keine Gaulsau,
aber das nette Städtchen Saulgau.

Heut ist was in Mengen los,
sie fahren ja nach Lengenmoos.

Was ich hier in Tegel such?
Meine Schuh' aus Segeltuch!

Sind bei dir die Hemden alt,
mach bei der Braut in Emden halt.

In der See in Haffen itze
ist nun mal 'ne Affenhitze.

Komm ich mal nach Vallendar
ich mir dort immer Dallen fahr.

Er fragt, ob er in Lüchte sei,
er habe dort 'ne Süchtelei.

Wir kommen spät nach Wattenscheid,
dann sind schon die Schatten weit.

Den kann ich nicht nach Neiße schicken,
der wird zu jeder Scheiße nicken.

In Böhmen gibt's die feinen Buchteln –
die Tänzer mit den Beinen fuchteln.

Es gibt ganz liebe Hesse-Frauen.
Die Boxer in die Fresse hauen.

Es gibt in Brohl Katen,
wo sie viel Kohl braten.

Ein Mann aus Geislingen/Steige
der spielt in Steißlingen Geige.

Er fiel auf die Tenne – ach,
in Ennetach.

Die Mutter durch die Ritzen bleute
in Blitzenreute.

Den Dieb tut man in Wangen lochen,
dort sitzt er dann die langen Wochen.

Die Mädchen sind 'ne feine Rasse,
ich eine mir vom Rheine fasse.

Der Ralph Koller
fährt in Calw Roller.

In Breslau gibt's auch Lerge-Zwerge,
so sagen diese Zwerge lerge.

Wenn schnell du rauf zum Brenner musst,
da keucht ganz schön die Männerbrust.

Es klebt an euren Hemden Eis, –
im Sommer ist's in Emden heiß.

Willst du im Main baden
so kriegst du keine Beinmaden.

Ich bade just
dort, wo die Jade bust.

9. Musikalisches

Der Dirigent, der scharfe Hund,
der spielte mit der Harfe Schund.

Jetzt singen wir die Hobelstrophe
und kehren ein im Strobelhofe.

Er red't mit seinem Munde Stuss,
wenn er zur Geigenstunde muss.

Wenn Nixen auf den Tuten flöten,
dann können dich die Fluten töten.

Schicke doch die Suse mal
zum Singen in den Muse-Saal.

Der Sänger mit dem Schmalzherzen
litt unter großen Halsschmerzen.

Er muss des Chores Glieder leiten,
soll'n richtig seine Lieder gleiten.

Die Jazz-Fans sich am Lärme weiden.
Im Winter kann man Wärme leiden.

Dem Fräulein tat's der Ritter geigen,
sie tanzte hinterm Gitter Reigen.

Die Kellnerin, die Bierfee,
spielt schon Stücke mit vier b.

Wie schön ist es am Schattenplatz
zu hören deine Platten, Schatz.

Wenn Liebchen sich im Garten zeigt,
ein Ständchen er der Zarten geigt.

Der Komponist tut Lieder machen,
die Mädchen froh im Mieder lachen.

Hör auf mit dem Gesudel, Duck,
und spiel doch lieber Dudelsack.

Beim Tanz die Nudeldicken
bei dem Gedudel nicken.

Was soll der Gestank, Sig,
bei diesem Gesangstück?

Bei Sängers Niederlagen
am Image dann die Lieder nagen.

Da singen vier Bass
auf einem Bierfass.

Der Chor beim vielen Rumsitzen
erzeugt Töne durch Summritzen.

Er still an ihrem Mieder lag,
weil er doch ihre Lieder mag.

Mädchen im bunten Mieder lachen,
sie tun so schöne Lieder machen.

Du hast ein schönes Mieder, Lotte,
singst herrlich, kleine Lieder-Motte.

Beim Dudelsack tun Säcke dudeln –
die Kinder gern die Decke sudeln.

Ein Lied er ganz von drinnen sang,
es tief durch alle Sinnen drang.

Mit sich selbst der Kleine rang, –
sein Ziel war nur der reine Klang.

Die Liebe er in Liedel fasst,
ihm deshalb seine Fidel lasst.

Der Opa aus der Botengass,
der sang schon bei den Goten Bass.

Vor Heimweh singt er trüb und laut:
„O du Heimat, lieb und traut."

Bei uns singt gut der fette Bass,
des Nachts kaum ihn das Bette fass!

Der Dirigent muss sagen laut:
„Mein Geiger durch die Lagen saut!"

Der Mann mit den Socken lang
von der Schönen mit den Locken sang.

Das geile Hänschen
singt in jeder Tonart „Heile Gänschen".

Der Zorn erhebt stark seine Schwingen,
wenn sie wie die Schweine singen.

Es tun dich munter wecken, Sterk,
die Trommler mit dem Stecken-Werk.

Am Christbaum brennen Lichtel wieder.
Die Zwerge singen Wichtellieder.

Das Singen ist der Frauen Lust,
vertreiben so der Lauen Frust.

Mit seinem Waldhorn der Herr Moll phont
ganz romantisch stets bei Vollmond.

Das Mädchen mit den Locken sang:
Ich zieh dir deine Socken lang.

Trink nicht Maß um Maß, Binder,
dann wird dein Bass minder.

Jeder hat so seinen Klang,
was er in Lieb der Kleinen sang.

Zarte Mozartklänge untermalen,
wenn wir am Strand uns munter aalen.

Erschöpt im Bett die Weiber liegen,
die sonst im Takt die Leiber wiegen.

10. Persönlichkeiten

Dieser minde Hit
war nicht von Hindemith.

In dem Orte Ohlendorf
zwitschern alle Dohlen Orff.

Es hören nicht die Dummen Orff,
doch gern im schwäb'schen Ummendorf.

Auch in Essendorf
spielt man unterdessen Orff.

Der eine liest bei Kummer Hegel,
der andre spielt nach Hummer Kegel.

Das kann nur der Herr Kant wissen,
über den Verbleib der Wandkissen.

Das wird der Kinkel wissen:
wo ist bloß das Winkelkissen?

Die Damen essen gern Sandkuchen. –
Die Denker Weisheit beim Kant suchen.

Willst du von Clinton Hopfen:
im Weißen Haus nur hinten klopfen!

11. Lust und Liebe

Es schenkt im Liebesdrange Stops
eine Riesenstange Drops.

Aus Spaß sie sich im Ruß kegeln;
Ehestreit kann man durch Kuss regeln.

Lass doch, komm auf meine Seit,
das ist ja seine Maid.

Ich werd zu meinem Käthchen müssen,
ganz doll kann dieses Mädchen küssen.

Sie wollt' es schon im Kino wissen:
Wirst du mich dann beim Vino küssen?

Die Ehefrau als Dauerpflanze
trumpft mächtig auf beim Flower-Tanze.

Kaum Frauen sich an solchen Mannen weiden,
die stets die Badewannen meiden.

Er wurd' zu seinem Weibe scharf,
den Stuhl er durch die Scheibe warf.

Musst alles mit der Liebe tränken,
dann kannst du deine Triebe lenken.

Das Mädchen hat sich keck gewehrt
und ihren Blick dann weggekehrt.

Die Lippen sind der Mundriss,
wenn die sich öffnen, dann geht's rund, Miss!

O Liebste mit dem Miederlein,
erhöre doch die Lieder mein!

Ein Mädchen springt im Weizen rum,
es spart auch nicht mit Reizen – wum!

Wenn Mädchen mit 'ner Tasse strippen,
kannst auf bestimmte Straße tippen.

Sie sagte ganz leise: Ach Mann,
wir wolln uns küssen, das Licht mach an!

Es tut in diesen Zeilen stahn:
er liebt ja einen steilen Zahn.

Er sucht Freundschaft in der Eisenbahn,
manche Mädchen beißen an.

Der Dame fiel das Kleid 'nab
im Night-Club!

Ich möcht 'ne Frau, bloß keine fette,
ich schenke ihr 'ne feine Kette.

Die wilden Saufehen
erregen viel Aufsehen.

Man find't die schönen Nackten fein,
der Prüde sagt zu diesen Fakten nein.

Sei, Liebling, fest umschlungen – zack,
gleich spürst du meinen Zungenschlag.

Ich muss nach solchen Mätzchen scheiden
und werde nun mein Schätzchen meiden.

Am Honig fest die Diebe lecken,
das kann man nicht mit Liebe decken.

Wer nur noch eine in der Reih hat,
der neigt gar bald zur Heirat.

Wenn nicht die Triebe locken,
dann bleibt die Liebe trocken.

Die Männer scharf auf Busen blicken,
wenn Damen sich mit Blusen bücken.

Der wunderschöne Edelmann
kam noch bei jedem Mädel an.

Er sagt zu seinem Weibchen: „Scheiße,
schenkst mir nur Liebe scheibchenweise!"

Ihr habt zu dünne Blusen, Basen,
die Winde bis zum Busen blasen.

Das ist des Recken Not:
Sein Fräulein wird beim Necken rot.

Wanderer vieles mit dem Fuß erkunden.
Wer hat denn nur den Kuss erfunden?

Er isst immer flutsch Knäcke –
die Eulalie hat so Knutschflecke.

Selbst Ehemänner an der Leine bocken,
wenn wunderschöne Damenbeine locken.

Meide die Mädchen an den Straps-Klippen,
die gleich nach einem Klaps strippen.

Bei Damen macht der Riesenmann
sich stets auch an die Miesen ran.

Ich heirate den einen Mann,
er nahm sich stets der Meinen an.

Lieber küss ich Lippen keck,
als ich an den Kippen leck.

Ob sich beim Lindenfest
eine Liebste finden lässt?

„Gehst du mit zur Messe, Kätchen?"
Oh, ich lieb das kesse Mädchen.

Die Mädchen an die große Liebe denken –
die Bosse ihre Diebe lenken.

Beglückt über den süßen Fang,
er tief zu ihren Füßen sank.

Liebende sich im Stadel necken,
wo wird im Heu die Nadel stecken?

Ich voll der kleinen Scheuen trau,
wenn ich nach einer Treuen schau.

Bei dir hab ich keine Langeweile, Maid,
zu dir geh ich so manche Meile weit.

Noch bin ich fort, ja meilenweit,
bald werd ich bei dir weilen, Maid.

Schön ist, an ihren Busen schmiegen,
die Lippen sich beim Schmusen biegen.

Mit ihren Frauen, Söhnen,
die Männer wie die Sauen frönen.

Im Unglück wie die Triebe lagen,
sie konnten's mit der Liebe tragen.

Keck macht sich das Mädel an
den netten Edelmann.

Da sagen Frauenkenner: „Mist!",
weil sie alle Männer küsst.

Beim Kuss manche die Wange lecken.
Mein Kleiner liebt nur lange Wecken.

Mit einer schönen Frau
tu ich frönen, schau!

Ganz toll ich's mit der Lottel trieb,
sie hat mich alten Trottel lieb!

Deine Liebesfracht, Mai,
tolle Gefühle macht frei.

Ich hab sie bis zum Scheiden lieb,
danach ich meine Leiden schieb.

Auch der lahme Dieb
hatte mal 'ne Dame lieb.

Die Mädchen, die sind feine Klasse,
ich mir bald eine Kleine fasse.

Es sagt die alte Krähe: „Ach,
wir hatten manchen Ehekrach!"

Gibt gute wie auch trübe Lagen,
musst alles mit der Liebe tragen.

Nur dafür hat Herr Renner Sinn:
Er liebt ganz heiß 'ne Sennerin.

12. Gesundheit

Die Feier lass ich lieber fallen,
mein Kind tut ja im Fieber lallen.

Er kriegte von dem Halme Pocken
und musste bei der Palme hocken.

Ich kämpfe nicht mit Stieren, nein,
mich plagt zu sehr ein Nierenstein.

Mensch, hast du einen Pickelnacken,
du darfst nicht mehr ans Nickel packen.

Sitzt du auf der Pritsche stundenweis,
dann kriegst du einen wunden Steiß.

Ein Professor in Bonn fand
im Darm den Wurm von Band.

Es tut so manche Lilli putschen,
sie will auch ihre Pilli lutschen.

Halte deinen Schnabel nur
und klemm jetzt ab die Nabelschnur.

Geh bloß nicht in den Schober, Enkel,
du brichst dir sonst die Oberschenkel.

Zur Bess'rung wurde was von Hiebe laut,
so pflegt man aber nicht die liebe Haut.

Beim Baden seh ich mit den Augen Segel,
indes an meinen Füßen saugen Egel.

Massiere das Wadenbein
täglich mit Badenwein.

Mein Onkel wie ein Schlimmer zecht,
es wird ihm gleich im Zimmer schlecht.

Tu nicht alles mit der Zunge lecken,
du kriegst noch in der Lunge Zecken.

Am Kopf hab ich 'ne Binde rum,
ich flog an Baumes Rinde – bum!

Wer irgendwas am Ballen hat
darf nicht in das Hallenbad.

Der Hirte muss die Ziege leiten.
Es braucht der Kranke Liegezeiten.

Er hat doch eine wehe Zeh,
deshalb tut ihm die Zehe weh.

Im Eilschritt tut die Hilde winken.
Es war zu viel, nun muss die Wilde hinken!

Im Haushalt geht's beim Weibe rund,
reibt sich noch mit der Reibe wund.

Das Blut tut stets die Nieren waschen.
Bei Schnupfen fest die Viren naschen.

Nach Schlägen mit den Keulen bald,
durch Eis werd'n auch die Beulen kalt.

Sehr schnell er aus dem Stadel wich,
zu schmerzhaft war der Wadelstich.

Komm doch in den Stadel, wife,
bei Kälte wird das Wadel steif.

Sehr gut dem Bauch tat
das herrliche Tauchbad.

Sich kräftig meine Wade bild't,
wenn ich bin beim Bade wild.

Es hat mein Lieber Fieber,
hätt ich das Fieber lieber.

Es lag auf allen Stücken Reif,
vor Kälte wird der Rücken steif.

Es hat der arme Heiner Kokken,
neben ihm will keiner hocken.

Bei Kälte trug er keine Socken,
jetzt hat er seine Kokken.

Auf uns zu die Pocken rollen,
da helfen nur die Roggenpollen.

Dringend muss die Mutter baden,
sie fand in der Butter Maden.

Berühmt ist ja der Schotten Fleiß. –
Beim Durchfall hast 'nen flotten Scheiß.

Wird beim Trunk dem Kerle übel,
er findet an der Erle Kübel.

Geht's dir im Herzen schlecht, mach Tonkuren,
bekommst dann innerlich Konturen.

Ich setz mich nicht in diesen Wagen meh',
da krieg ich immer Magenweh.

Es macht' in seinen Ohren bumm,
dann fiel er beim Bohren um.

Weh tun mir alle Knochen, Weib,
ich mache schon seit Wochen Kneipp.

Wenn Hustenpillen Runde machen,
geht's erst zum Munde, dann zum Rachen.

Mensch, ich niese was,
wenn barfuß und die Wiese nass.

Beim Wandern sagt das eine Bübel:
„Mir wird im rechten Beine übel."

Wenn Übelkeit zu lange währt,
die Farb sich aus der Wange leert.

Der Doktor muss dir sagen, May,
was denn mit deinem Magen sei.

Du musst fleißig mit Lauch baden,
das nimmt dir bald den Bauchladen.

Jetzt hab ich eine Wunde meh',
nun tut's mir auch im Munde weh.

Zur Fastenkur
er mit dem alten Kasten fuhr.

An Schuhen habe ich nur halbe Sohlen,
kann deshalb nicht die Salbe holen.

Manch Doktor hat 'ne Wunden-Kass,
er schenkt bedürft'gen Kunden was.

Ich erleb bis in die Zehen Wahn,
ich habe einen wehen Zahn.

13. Sport

Beim Tauchen im See drin,
verliere nicht den Drehsinn!

Gewichtheber den schweren Stein recken,
sie müssen sehr viel Kraft reinstecken.

Wenn zu viel die Läufer saufen,
könn' sie nicht als Säufer laufen.

Er wird gleich mit dem Zwoten ringen.
Ich glaub, er wird den Roten zwingen.

Sei beim Sport nicht so barsch, Eugen,
und schrei nicht immer „Arsch beugen!"

Erhitzte in die Bäder fallen,
das kommt vom vielen Federballen.

Trabst du zu viel im weiten Rund,
so machst du dich beim Reiten wund.

An Siege gar so viele dächten,
die auf dieser Diele fechten.

Der Boxer so gern schlagen mag,
haut ihn k. o. durch Magenschlag.

Beim Fußball braucht's der Beine List,
auf'm Platz du nicht alleine bist.

6-Tage-Rennen, Hallenfahrt:
manche Radler fallen hart!

Die Schwergewichtler heben Lasten,
die Sprinter durch das Leben hasten.

14. Berufswelt

Wer bei dem Chef will Witze sagen,
der würde seine Sitze wagen.

Er wird jetzt bald zum Bosse fliegen
und freundlich seine Flosse biegen.

Der Physiker mit Pendelmaß
erkletterte den Mendelpass.

Der Dieb dachte, wenn's kracht, nehme
ich dann die ganze Nachtcreme.

Philosophen gern am Sein nagen,
wer könnte da schon Nein sagen.

Bei Philosophen singe Dame:
die Weisheit ist der Dinge Same.

Zu nett ist der Frisöse Bein,
ich kann ihr gar nicht böse sein.

Es hörten die Funkstreifen
den Räuber hinterm Strunk pfeifen.

Du verlobst dich bald mit einem Schweinemäster,
acht auf die schlanke Linie, meine Schwester!

Ich bin Heimleiter
und auf meinem Leim heiter.

Der Richter hört die Jäger klagen,
sie dürfen nicht die Kläger jagen.

Der Koch tut über Speise walten,
der Redakteur schreibt weise Spalten.

Es holte ihn ein Kunde hoch,
doch war er nur ein Hundekoch.

Heute wird es leider schnei'n,
dann komm ich nicht, mein Schneiderlein.

Ich liebe dich nicht minder, Kätchen,
bist du auch nur ein Kindermädchen.

Er trifft sich gern auf freier Au
mit der netten Eierfrau.

Ich geh in den Schacht nicht
und mache keine Nachtschicht.

Die Wäschefrauen jammern, klagen,
sie immer nach den Klammern jagen.

Beim Apfel in die Made beißt er
gierig, unser Bademeister.

Als Zahnarzt nun schon lange Zeit
bekämpf ich mit der Zange Leid.

Muss Busfahrer Riester preisen,
tut gerne auch mit Priester reisen.

Soldaten in der Senne huppen,
sie leben von der Henne-Suppen.

Bald wird es bei den Schustern dunkeln,
dann werden wir im Dustern schunkeln.

Nikolaus, lass den kleinen Rack sein
und steck ihn nicht in 'n Sack rein.

Der Spieler mit dem harten Kinn
warf wütend seine Karten hin.

Versteckt in großen roten Betten,
konnten sie den Boten retten.

Fall ja nicht aus der Rolle, Schuft,
zur Arbeit mich die Scholle ruft.

Stets wird dem Schiffer an der Schleuse mau:
Beim Stehlen sind die Mäuse schlau.

Der Jäger fürcht' die kühne Sau,
nun, Schuldner, an der Sühne kau.

Ich will hier nicht mehr schaffen, Ober,
die Bar ist wie ein Affenschober.

Die einen müssen Leinen weben,
die Winzer von den Weinen leben.

Diplomaten hier am See tagen,
sich Höflichkeiten beim Tee sagen.

Genieße deinen Schlummer, Denker,
der Traum war nur ein dummer Schlenker.

Viele Frauen auf ein Kind warten.
Meteorologen studieren Windkarten.

Der Kaufmann mit der Ware handelt,
manch Weibchen oft die Haare wandelt.

15. In der Natur

Ist das um den Baum schad,
verheizt du den beim Schaumbad.

Tu nicht nach der Zarten gieren,
du sollst mir doch den Garten zieren.

Wenn du wirst bimm hören,
dann komm aus den Himbeeren!

Der Frühling rief: O Winter halt!
Komm bloß nicht aus dem Hinterwald.

Siehst du dort auf Zitterpappeln
einen kleinen Pitter zappeln?

Wenn über Wiesen kommt die Nacht,
dann muss ich niesen auf der Wacht.

Die Faulen durch die Scharten gaffen,
wenn wir ganz schnell im Garten schaffen.

Mensch, wie hie der Wald
vom Echo widerhallt.

Die Ernte ist schon länger her,
deshalb ist auch der Hänger leer.

In den großen Rosenhain
fiel er mit seinen Hosen rein.

Wir müssen halt wetzen
und durch den Wald hetzen.

Wenn auf der Bahn wächst Eichenwald,
dann sind gewiss die Weichen alt.

Am besten im Hosenrock
hinter den Rosen hock.

In Kiesewald
ist's immer auf der Wiese kalt.

Warum muss so der Pitter zappeln,
der züchtet doch die Zitterpappeln.

Schneewittchen ging durch Fichtenwald –
ihr einer von den Wichten fallt!

Es dichten Fürsten:
„O wie die Fichten dürsten!"

Zum Segelflug tat's an der Linde wagen,
sehr günstig dort die Winde lagen.

Mir ist hier unter Buchen kalt,
ich hoff, er bringt den Kuchen bald.

Ich muss sehr rasch den Bachel stören,
der klaut mir sonst die Stachelbeeren.

Es grenzt ja schon an Wucher bald,
zu kaufen von Herrn Bucher Wald.

Das Kind sich schöne Kronen baut
aus Bohnenkraut.

Ob wir an diesen Früchten nagen,
wir müssen erst die Nichten fragen.

16. Gaunereien

Zum Kampf nahm'n sie den Feisten mit,
der war gewiss am meisten fit.

Ich fürcht nicht seine Rache,
das ist 'ne reine Sache.

In Sturmesnacht die Retter wetten:
Wer wird bei diesem Wetter retten?

Wenn Leute ehrenwerter schwätzen,
so braucht man keine Schwerter wetzen.

Was wir dem Held gaben?
Der wollte nur Geld haben!

Falls ihn doch die Häscher fangen,
so wird der Dieb, ein fescher, hangen.

Es saß der ganze Klauer-Tross
im Kittchen wie ein Trauerkloß.

Der gemeine Schuft lacht:
das Geld liegt im Luftschacht.

Ganz zahm sah man den dicken Schuft,
als er roch der Schicken Duft.

Der Schmuggler trägt das Packel. Wo?
Die Dicke hat 'nen Wackelpo.

Die Horden-Meute
will morden heute.

Leiste dir kein Schiebedach,
so bietest du dem Diebe Schach.

Die Mörder mit dem Beil sah'n
die Leute in der Seilbahn.

Den Räuber nach dem Überfalle
jagen ihn mit Fieber alle.

Sei nicht stolz, Hehler,
du bist ein alter Holzstehler.

Schnell fort – die Diebesleute bangen,
wenn sie nach ihrer Beute langen.

Lass dich von des Gesetzes Strange leiten,
dann brauchst du dich nicht lange streiten.

Das ist doch eine Saubande,
stiehlt immer uns're Bausande.

Nach einer strengen Haft
ihn man noch durch Hängen straft.

Er auf die schlimme Bande schoss,
das ist keine Schande, Boss.

Ihr müsst eure Schande büßen
und werden auf euch Bande schießen.

Beim Stehlen ist es bitterkalt,
der Dieb kommt hinter Gitter bald.

Es herrscht hier wie ein Fieber all,
man rechnet mit 'nem Überfall.

Zum Schutz hier an den Scharten hock,
der Krimi bringt manch harten Schock.

17. Sonstiges Lustiges

Ich geh jetzt an die Ecken nimmer,
die Leute tun mich necken immer.

In Rassenfragen kocht man nicht mit heißen Wasser.
Ihr macht aus Negern sonst nur Weißenhasser.

Ich will an deiner Hüfte leben,
wenn wir uns in die Lüfte heben.

Verbissen seine Zähne mahlen,
viel muss er für die Mähne zahlen.

Das soll ja nicht die Schlampe wagen
und mich hier auf die Wampe schlagen!

Die Zuschauer reißt er mit,
des Fräuleins Meisterritt.

Warum bist du so grausam?
Bist du der Sau gram?

Ach tu doch, liebe Göre, rucken,
ich will mal in die Röhre gucken.

Beim Tanzkränzchen
gefiel besonders das Kranztänzchen.

Scher dich nicht um meine Sachen,
jeder soll das Seine machen.

Bald trägt jeder Lackel
so ein Lederjackel.

Im Schwimmbad ein paar Nasse kamen
und ihm die ganze Kasse nahmen.

Es schaute sich der Recke um,
dann ging er um die Ecke rum.

Es liebt der Lord nicht
das schöne Nordlicht.

Bewusst tat es die Fette künden:
Ich werde meine Kette finden.

Da wird der Kleine staun',
wie sie ihm heimlich Steine klaun.

Wie musste er die Schickse bitten,
sie soll nichts in die Büchse schütten.

Willst du mit mir zu Stammler gehn,
wo die vielen Gammler stehn?

Ich muss ihn immer mahnen fast:
Häng dich nicht an den Fahnenmast!

Die Rakete wird zum Morgenstern gefeuert
und zwar modern und ferngesteuert.

Die sehr Müden
bevorzugen mehr Süden.

Wenn in Diktaturen Laien richten,
beim Volk sich dann die Reihen lichten.

Mit dem Stück vom harten Zaun
tu nicht die kleinen Zarten haun.

Es ist jetzt Klo-Pause,
da gehe ich zur Po-Klause.

Es hat doch keinen Sinn, hetzen,
erstmal hinsetzen!

Sei doch stumm endlich,
du sprichst viel zu umständlich.

Auf bill'ge Fahrten beißen an
die Leute bei der Eisenbahn.

Du darfst ihm nicht beim Klopfen trauen,
er will mit List die Tropfen klauen.

Unter den Steppdecken
tut so mancher Depp stecken.

Das Ausruhn fand im Bette statt,
dann ging er in das Städtebad.

Willst du durch die Ritze spucken,
musst du bis zur Spitze rucken.

Mein Kopf ist wie ein Kummerhaufen:
Woher soll ich den Hummer kaufen?

Beim Reisen wurd' er mittellos,
drum schlief er dann im little Moos.

Wir halten aus
im alten Haus.

Er floh mit Hast raus
aus dem Rasthaus.

Der tut jetzt fei glotzen,
dem werd ich eine glei' fotzen.

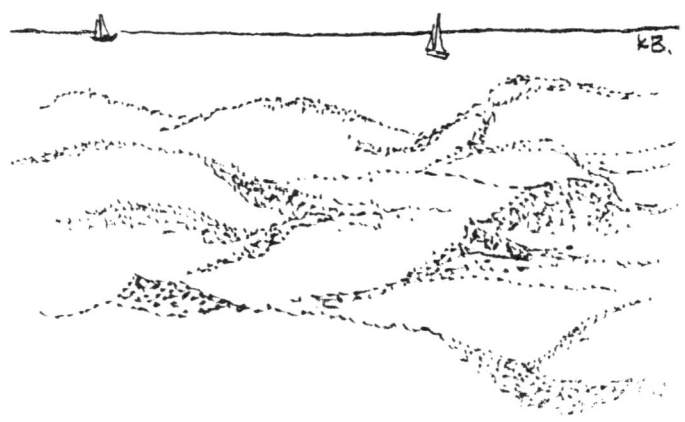

An einem Sandstrand
liegt sehr viel Strandsand.

O Verzeihung,
geht die Heizung?

Bis nun das Warten rum is'
zeichnet er ihren Umriss.

Ha, der
kommt jetzt daher.

Und als er in dem Nachen saß,
da wurden seine Sachen nass.

Komm her, du scheele Sau,
dass ich dir in die Seele schau.

Da schrie die alte Wachtel: Scheiß!
Dass so was diese Schachtel weiß!

Am Sonntag wird der Vatel rarer,
seit er ging als Radelfahrer.

Auf den man die Lampen richt',
der steht im Rampenlicht.

Am Auto hat der Meier Rost.
Im Zirkus trinkt ein Reiher Most.

Er konnte wegen leeren Kassen
nicht mal sein Zimmer kehren lassen.

Zum Schlussverkauf war wieder mal
für Damen nun die Miederwahl.

Das Gully ist ein Gussfänger,
der Zebrastreifen ist für Fußgänger.

Bücken ließ er
die Lückenbüßer.

Das Bad ist eine Beckenstube.
Für Böses gibt's den Stecken, Bube.

Vom Schlosse her die Recken stammen,
beim Turnier sie sich mit Stecken rammen.

Mensch, ist dieses Theaterstück rau,
das gibt einen seelischen Rückstau.

Ich will dazu nichts sagen mehr,
es liegt mir doch im Magen sehr.

Er bleibt in seinem Fimmel hart
und fährt nun doch an Himmelfahrt.

Viele nach dem Sterben erben,
aber auch die Erben sterben.

Durch den tollen Seitenwind
wir bald in den Weiten sind.

Der Meister kam im Schottenrock,
das war für alle Rotten Schock.

Im Zimmer herrscht ein schlechter Rauch,
das ist für mich ein rechter Schlauch.

Ich werd sie auf den Hocker locken,
dort können sie ganz locker hocken.

Lies nur immer feste Bibel,
sie ist doch die beste Fibel.

Lass mich an die Stange lehn',
ich kann ja nicht so lange stehn.

Siehst du dort die Braune zechen?
Wird wieder Streit vom Zaune brechen.

Du musst die Brust ins Mieder bannen,
da schauen selbst die Biedermannen.

Bei der wilden Eierschlacht
auf deinen schönen Schleier acht'!

Hier wird bald mein Schatzi baun,
Mensch wird da der Batzi schaun.

Er tut nach seinem Wesen sparen,
vor allem was die Spesen waren.

Beim Umzug fiel 'ne Narrenkapp
vom Karren 'nab.

Geh baden bei der Hitzewelle. –
Der Geist wird durch die Witze helle.

Ich muss deine Lücken rügen,
tust zu viel auf dem Rücken liegen.

Er sagte: „Ach, Maus,
das Licht mach aus."

Endlich er im feinen Sand
friedlich er die Seinen fand.

Das Denkmal müsste baden,
ich sehe an der Büste Maden!

Ich habe diesen Morgen satt,
bin schon von vielen Sorgen matt.

Warum sagst du 's so leise, Rust,
auch mich packt wohl die Reiselust.

Das musst der fremden Frau sagen,
hier kann sie keine Sau fragen.

Beseitigt hat den Riesenfleck
die große Firma Fliesen-Reck.

Es ist euch bange, Leute,
die machen aber lange heute.

Meinen Stock hier halte eben,
ich muss mal meine Alte heben.

Willst du ihn am Leder fassen,
so musst du manche Feder lassen.

Bis ich eine Karre find,
sind wir in der Pfarre, Kind.

Beim Klingeln übern Wecker lach,
der macht dich doch so lecker wach.

Im Herz dich schlechte Phasen binden,
wirst Trost bei deinen Basen finden.

Den dicken Kerl mit riesen Fetten,
wie kann man bloß den Fiesen retten?

Beim Tanz sich Girls im Sand wiegen.
Die Besten an der Torwand siegen.

Ihr wollt sie leise schocken
und dann in die Scheiße locken!

Er zieht den Kreis stumm
und macht den Steiß krumm.

Es spielt nicht jeder Weiße Schach –
das Baby wird durch Scheiße wach.

Wir haben einen flotten Mai –
im Kleiderschrank viel Motten-Fly.

Das Mädchen mit dem Rosenduft
stets nach Schönheitsdosen ruft.

Die Helfer nach den Wahlen zählen. –
Beim Toto musst die richt'gen Zahlen wählen.

Die Wand'rer in die Karte schauen. –
Die Ritter an der Scharte kauen.

Ist's manchmal auch im Häuschen mau,
niemals dein kleines Mäuschen hau!

Ich wünsch für mich die heile Welt,
die doch mal eine Weile hält.

Ich will dich in die Berge laden
und werde mit dir Lerge baden.

Ich mach mir schon am Morgen Sorgen,
wie werd ich fertig mit den Sorgen morgen.

Er spielt so gern in Mulden Schach,
dabei nur keine Schulden mach!

Die Oma musst nach Sagen fragen,
sie wird was zu den Fragen sagen.

Ich streichle gern der Eule Kinn.
Zur Steinzeit war die Keule in.

Wenn du die richt'ge Pose hast,
dann dir jede Hose passt.

Er fragt, ob ich beim Vetter war.
Ich nicht bei solchem Wetter fahr.

Ich in meinem Fach
immer nur an Feinem mach.

Nimm die Tassen, Nonne,
und wasch sie in der nassen Tonne.

Am Morgen sind die Därme wach. –
Das Haus heizt gut ein Wärmedach.

Es ist doch kein Schmarren, kuck,
wir hab'n den schönsten Karrenschmuck.

Ja, ja, lach doof,
wenn ich über's Dach loof.

Es immer wilder schallt:
„Entrümpelt doch den Schilderwald!"

Die Lies ist auf dem Radel matt,
zu viel fährt doch das Madel Rad.

Beim Ritter kam der lange Stoß,
dann war er seine Stange los.

Wenn ich dein' Bauch und Magen seh,
dann kann ich doch nichts sagen meh'.

Umschlungen sie sich binden lang,
auf der schönen Lindenbank.

Das Mädchen mit den sieben Locken
strickt eifrig für die Lieben Socken.

Er klettert auf den Masten kühn
und will sich um den Kasten müh'n.

Bei Gewitter macht's in der Stube bumm,
vor Schreck bleibt dann der Bube stumm.

Auf der Laienbühne grad
zeigt man das Stück „Das grüne Bad".

Ich find dich golden, Hase! –
Parfüme sind die holden Gase.

Sie meinten, sie fangen Schlee
durch die schöne Schlangenfee.

Beim Festival der Spinner-Witze,
da sind die Gewinner spitze!

Ich ergebe mich der ewig einen Macht,
sie gibt auch auf die Meinen Acht.

Zu dieser Sorte Wagen
muss ich schon ein paar Worte sagen.

Er muss jetzt bald den Schreiber wecken,
will als Gespenst die Weiber schrecken.

Die Badenixe am Beckenrand
ihr Herz fest an den Recken band.

Aus Gram musst nicht den Linder meiden,
er tut wie du nicht minder leiden.

Wie ich 's an der Borte seh,
ist das Kleid von Sorte B.

Man mag es irgendwann meinen:
es darf auch mal ein Mann weinen.

Auf dem Plumpsklosett sie beim Scheißen winken,
von hinten siehst du nur die weißen Schinken.

Mancher tut sich irren wann,
bisweilen fangen Wirren an.

Du hast was auf dem Kasten, Mann,
nicht jeder das am Masten kann!

Schriftstücke können mit Siegel enden, –
zum Wettlauf sie die Igel senden.

Bei FKK isst man die Büchse nackt –
Sandkuchen gern die Nixe backt.

Die Kinder essen Schok'laden.
Der Zug hat einen Lok-Schaden.

Die Wärme-Intervalle
fehlen oft im Winter alle.

In einem Staubecken
viele Wasser im Bau stecken.

Kauf nicht so viel neue Kleider, nein,
dann hältst du deine Neider klein.

Geh auch mal zu Fuß, Städter,
erzähl mir keinen Stuss, Vetter!

Unser kleiner Popel Anne
hat mit ihrem Opel Panne.

Hinter der Seitenwand
sieht man den weiten Sand.

Mach mir den Kübel auf,
dass ich ja kein Übel kauf.

Zum Kneippen brauchen Asse Kübel –
bei hohem Eintritt wird ein'm an der Kasse übel.

Ich dich zu der Dicken schick,
es sind auch manche Schicken dick.

Mir ist vor dir schon bange lang,
schiebst alles auf die lange Bank.

In einem Winkel stand
für Männer eine Stinkelwand.

Beim Spiel sind Mädchen feine Asse,
hab Trumpf, wenn ich dann eine fasse.

Ich mich nicht mit den Schuppen trau
zu gehen auf die Truppenschau.

Die Fröhlichen durch Lachen siegen.
Sie lassen alte Sachen liegen.

Schon seit der Woche letzt
er an einem Loche wetzt.

Warum müssen sich die Steinrecken
überall reinstecken?

Hast du keine Masse Kies
dann steht's mit deiner Kasse mies.

Es tanzen gern die Schwaben Reigen.
Die Zeugen wie die Raben schweigen.

Ihr könnt euch so und so strecken
auf den riesengroßen Strohsäcken.

Man konnte nicht die Stasi necken,
den Hörer in die Nasi stecken.

Nach heißem Kampf auch Recken flennen,
sie kopflos durch den Flecken rennen.

Es werfen oft die Buben Steine, –
ein Tisch hat oft nur Stubenbeine.

Ich meine nämlich die,
die sind dämlich nie.

Bei dir geht's rund, Scheich,
du wirst nur durch Schund reich.

Beim Bergsturz fiel der Steineschwall
mitten in den Schweinestall.

Ich um hint're Zonen bange,
kneifst du mich mit der Bohnenzange.

Am Ziel sich bald die Treiber wähnen.
Den Mann rühr'n oft der Weiber Tränen.

Wenn liegt in den Höfen Eis,
macht man gleich die Öfen heiß.

Die Sonne soll nicht auf die Haut brennen.
Der Hahn hat viele Braut-Hennen.

Wenn Züchtung auch viel Mühe kost',
jetzt geben uns're Kühe Most.

Mancher hat 'nen tollen Rausch.
Nicht gut ist dieser Rollentausch.

Manchmal ist meine Zarte weit.
Wie schrecklich ist die Wartezeit.

Den Braten in dem Munde heute
verdankst du meiner Hundemeute.

Zur Tochter sprach der Vater: Kind!
Du bald den richt'gen Kater find.

Ich muss bald in den stillen Park.
Es wirken meine Pillen stark.

Die Oma hört den Enkel schrei'n.
Der klemmte sich im Schränkel ein.

Sag nie zu einer Zecke Du
Und zieh vor ihr die Decke zu.

Wenn die Beulen quellen stark,
schmier auf diese Stellen Quark.

Im Zoo da sind am Schalter Affen,
die fleißig für ihr Alter schaffen.

Im Sumpf sind große Mückenzahlen.
Kannst dort nicht mit Entzücken malen.

Agenten stets die Namen decken.
Beim Flirten gern die Damen necken.

Inhalt